OHNE SCHEIN KEIN SEIN

Maria rettet Karl Marx

Sabine Carbon und Barbara Lücker

Illustration
Maren Barber

Für Sophia, Clara, Nina, Nele und Milli

Kennt Ihr das Max-Engel-Denkmal? Es liegt mitten in Berlin, gleich am Alexanderplatz. Dort wollen meine Eltern mich und meinen Freund Victor in zwei Stunden wieder abholen. Victor wohnt eigentlich in Caputh, einem kleinen Ort in der Nähe von Berlin. Aber in den Ferien besucht er mich oft und genießt das Stadtleben. Jetzt suchen wir einen guten Platz für unseren Straßenverkauf. Wir haben alles zusammengepackt, was wir nicht mehr brauchen und schleppen schwer an einem Berg von Tüten und Decken. „Ich kann nicht mehr! Wo ist denn dieses Denkmal?", stöhne ich. „Da!" Victor zeigt auf eine riesige Skulptur mit zwei ernst blickenden Männern. „Max und Engel heißen die? Ich lach' mich kaputt!" „Marx und Engels", verbessert mich Victor.

„Engels war der beste Freund von Marx und Marx hat doch den Marxismus erfunden. Am besten setzen wir uns da hin, in ihren Schatten.“ „Marxismus? Was soll das denn sein?“, frage ich und breite unsere Decken aus. „Das bedeutet, glaube ich, dass das Eigentum abgeschafft ist, dass allen alles gehört“, antwortet Victor. Ich sehe ihn ratlos an. „Ist doch ganz einfach Maria“, lacht Victor, „das bedeutet, dass deine Sachen auch mir gehören, deine neuen Rollerblades zum Beispiel. Das nennt man Marxismus oder auch Kommunismus.“ „Das würde dir so passen, Victor, du hast viel zu große Füße …!“

In diesem Moment unterbricht uns eine Frau, die uns schon eine Weile beobachtet hat. Ihr kleiner Hund beschnuppert die indische Kette, die ich mal von Tante Therese geschenkt bekommen habe. „Nur fünf Euro, fast geschenkt!“, preise ich das Schmuckstück an. „Das ist echte Handarbeit. Da hat jemand stundenlang dran gearbeitet.“ „Sehr hübsch, aber fünf Euro sind ein bisschen viel!“, sagt die Frau entschieden. „Nein, das ist wahnsinnig billig!“, entgegne ich. „Überlegen Sie mal, wie lange Sie brauchen würden, um so eine Kette herzustellen. Acht Stunden bestimmt!“ „Wahrscheinlich kommt die Kette aus Indien und da verdienen die Leute nur ein paar Cents für zehn solcher Ketten“, meint die Frau trocken. „Das ist ja ungerecht!“ Ich bin empört. „Das ist Ausbeutung!“, mischt sich ein grauhaariger Mann mit Zigarre ein. Die Frau hält mir einen Fünfeuroschein hin. „Drei Euro gebe ich dir, okay?“ „Victor, wir haben das Wechselgeld vergessen! Oder hast du was dabei?“, frage ich. „Vielleicht“, antwortet er und versucht eine Blechdose, in der es verräterisch klappert, zu öffnen. „Die habe ich auf dem Dachboden von meinem Opa gefunden.“ Endlich geht die Dose mit einem rostigen Quietschen auf. Ein paar Münzen und ein dickes Bündel Geldscheine fallen heraus. „Die wollt ihr mir aber hoffentlich nicht andrehen“, lacht die Frau, „das ist doch altes DDR-Geld und die DDR gibt es schon lange nicht mehr – Gott sei Dank, übrigens!“ „Die DDR war doch gar nicht übel. Richtigen Kommunismus hatten wir natürlich noch nicht, aber wir waren auf dem besten Weg …“, brummelt der Mann und zieht an der Zigarre. „So viele Hunderter!“ Victor und ich halten ein kleines Vermögen in der Hand. Wir können es gar nicht fassen. Und die sollen nichts mehr wert sein?

Mein Blick fällt auf einen Mann mit dickem Rauschebart. Er ist auf allen Scheinen abgebildet und kommt mir irgendwie bekannt vor … Plötzlich fegt ein Windstoß die Scheine weg. Ich renne hinterher und versuche, sie aus der Luft zu erwischen, aber sie flattern weiter über den Platz. Einige bleiben dem Mann aus Bronze am Bart hängen. Ich klettere hinauf und schaue ihm direkt in die Augen. Da erkenne ich die Ähnlichkeit. Der Mann auf dem Geld ist … Karl Marx.
Er sieht mich verwundert an. Dann hustet er in seinen dicken Bart und der Mann neben ihm streicht sich verwirrt durch die Haare. „Karl, ich glaube, das Kind da hat dich gerade beklaut.“ Er deutet auf mich. „Was mich?“, brummelt Marx. „Ich bin doch völlig pleite. Da gibt es nichts zu holen. Aber lass mal sehen.“ Marx hält mich am Arm fest und nimmt mir die Scheine aus der Hand. Ich bin so verblüfft, dass ich überhaupt nicht protestiere. Als er sie betrachtet, ist er plötzlich wie vom Blitz getroffen. „Na was ist denn?“, fragt sein Freund von der Seite. „Friedrich, ich glaube ich werde verrückt.“ Er steht da und starrt auf die Scheine. „Hast wohl wieder nicht genug gegessen vor lauter Schulden?“, meint Engels. „Nein, F-F-F-Friedrich, sieh dir das an!“ Er reicht seinem Freund die Scheine rüber und plötzlich ist auch der merkwürdig still. Ich denke, das ist genau der richtige Zeitpunkt, um mich vorzustellen. „Hallo, ich bin Maria und ich nehme an, Sie sind Karl Marx.“ Ich reiche dem Bärtigen die Hand. Der schüttelt sie verwirrt. „Und das ist sicher Ihr bester Freund, oder?“ Engels sieht mich erstaunt an. „Verzeih, ich hab dich wohl verwechselt und außerdem vergaß ich, mich vorzustellen. Engels, Friedrich Engels! Karl und ich arbeiten zusammen. Vielleicht hast du schon mal was vom ‚Kommunistischen Manifest‘ gehört?“ „Nein, leider nicht“, antworte ich. „Na ja, ist vielleicht ein bisschen zu revolutionär für eine junge Dame ... Jetzt muss ich aber gehen“, murmelt er und zieht seine Uhr aus der Westentasche. „Die Geschäfte rufen mich nach Manchester. Pass auf wegen der Taschendiebe!“, ruft er mir noch nach. Dann ist er verschwunden und erst jetzt bemerke ich, dass ich gar nicht mehr in Berlin bin, sondern in einer anderen Stadt, in einer anderen Zeit.

HUNDERT
Marx
100

We are hungry

Die Straßen sind brechend voll und die Leute reden Englisch. Glücklicherweise gehört Englisch zu meinen Lieblingsfächern in der Schule. „Hello, nice to meet you!" Manche tragen schicke Anzüge und seltsame Hüte auf dem Kopf. Elegant gekleidete Frauen schützen sich mit Sonnenschirmen, andere kommen in abgewetzten Lumpen daher. Am Bordstein sitzen ein paar Bettler im Dreck. Immer wieder müssen wir vorbeifahrenden Pferdedroschken ausweichen. Marx packt mich an der Hand und zieht mich schnellen Schrittes hinter sich her. Aus einem Geschäft stürzt ein Mann auf ihn zu und redet auf ihn ein: „Mr. Marx, Ihre Frau hat die Rechnungen vom letzten Monat immer noch nicht bezahlt, viel länger kann ich nicht mehr warten …" „Ich hab's eilig", schneidet ihm Marx das Wort ab. „Alle haben sie nur Geld im Kopf, money, money, money …", flucht er, reißt sich von dem Mann los und geht auf eine Halle zu. „Wo hast du die Scheine her?", fragt er mich im Gehen. „Bist du eine Geldfälscherin oder so was Ähnliches?" Ich weiß gar nicht, was ich antworten soll. „Ich glaube, das ist Geld aus einem Land, das es nicht mehr gibt …"

Wir werden durch lautes Grölen unterbrochen. Eine aufgewühlte Menschenmenge begrüßt Marx, der wie ein Held gefeiert wird. Er betritt eine Bühne und zieht mich hinter sich her. Dann holt er einen kleinen Notizzettel aus seiner Tasche. Plötzlich ist es still, nur Marx redet. Er nuschelt ein bisschen, aber die Menschen hängen an seinen Lippen. Ich verstehe nur Bruchstücke und weiß gar nicht so recht, worum es in der Rede überhaupt geht.

„Ein Gespenst geht um in Europa – das Gespenst des Kommunismus … So jedenfalls sehen es unsere Gegner. Sie fürchten uns: Der Papst, der Zar, die deutschen Polizisten … Mögen die herrschenden Klassen vor einer kommunistischen Revolution zittern. Die Arbeiter haben nichts zu verlieren als ihre Ketten. Sie haben eine Welt zu gewinnen. Proletarier aller Länder, vereinigt euch. Workers of all countries, unite!“ Die Menschen jubeln. Als Marx ihnen erklärt, wie sie von den Fabrikbesitzern ausgebeutet werden, die ihnen immer weniger Lohn zahlen und immer mehr dabei verdienen, bricht ein Tumult los. Die Begeisterung ist so groß, dass wir fast erdrückt werden. Marx zieht mich am Arm und wir verschwinden durch eine Hintertür.

Revolution
nennt man einen gesellschaftlichen Umsturz, bei dem Menschen mit neuen Ideen, die vorher machtlos waren, an die Macht gelangen und die Mächtigen stürzen. Bei der Französischen Revolution 1789, die das Vorbild für viele spätere Revolutionen lieferte, stürzte das Volk den König und forderte Freiheit, Gleichheit, Brüderlichkeit. Leider verlaufen Revolutionen in der Regel nicht friedlich. Der französische König wurde geköpft, viele andere Herrscher hingerichtet. Auch auf Seiten der Revolutionäre gibt es meist viele Opfer.

Das ‚Kommunistische Manifest'
erschien 1848 in London und hat nur wenige Seiten, aber es ist eine der wichtigsten und einflussreichsten Schriften der Welt. Im Gegensatz zu Marx' riesigem Hauptwerk ‚Das Kapital' haben es viele Menschen auch wirklich gelesen. Marx und Engels schrieben es gemeinsam als Kampfschrift gegen die Kapitalisten und für eine Revolution der besitzlosen Arbeiter oder Proletarier. „Proletarier aller Länder, vereinigt euch!", heißt es am Schluss.

„Ist das hier London?", frage ich. „Gut geraten!", lacht Marx. „Warst du schon mal hier?" „Ja schon, nur sah da alles ein bisschen anders aus. … und warum lebst du eigentlich hier?" Marx sieht mich nachdenklich an. „In Deutschland und Frankreich wollten sie mich nicht mehr haben. Der König von Preußen hält mich sogar für einen Staatsfeind. Bis nach London schickt er mir Spitzel nach – dabei geht es mir doch nur um das Wohl der Menschheit. Und wo kommst du her, Maria?" „Aus Berlin im Jahr 2006." Marx sieht mich fassungslos an. „Das ist ja großartig! Du musst mir unbedingt erzählen, was aus meinen Ideen geworden ist. Ich warte nämlich täglich auf die große Revolution. Sag mal, werden die Armen in deiner Zeit immer noch von den Reichen ausgebeutet?"

Humpty Dumpty sat on a wall. Humpty Dumpty had a great fall. All the king's horses and all the king's men couldn't put Humpty together again.

Karl Marx zog 1849 nach London, der damals größten Stadt der Welt. In nur 100 Jahren war die Bevölkerungszahl von 1 Million auf 6 Millionen angestiegen. 1769 hatte James Watt eine Dampfmaschine patentieren lassen, mit der die so genannte ‚Industrialisierung' begann. Große Fabriken entstanden, Hunderttausende zogen vom Land in die Städte. Kinder waren als billige Arbeitskräfte besonders begehrt. Wegen ihrer geringen Größe mussten sie zum Beispiel in den engen Stollen der Bergwerke schuften. Manche waren erst vier Jahre alt und viele arbeiteten bis zu 16 Stunden täglich. Da blieb keine Zeit mehr für die Schule und der Lohn, den sie erhielten, reichte gerade zum Überleben. Tausende von Kindern lebten in schmutzigen Slums oder als Bettler auf der Straße. Die Themse, der Fluss der durch London fließt, wurde wegen seiner Verschmutzung ‚the great stink' (der große Gestank) genannt. Immer wieder brachen die Cholera und andere Krankheiten aus. Der Schriftsteller Charles Dickens hat all das in seinem Roman ‚Oliver Twist' beschrieben.

Big Ben

„Keine Ahnung, darüber habe ich noch nie nachgedacht", antworte ich. Marx kramt in der Tasche nach einer Münze für einen kleinen bettelnden Jungen. Leider muss er feststellen, dass er gar kein Geld dabei hat. „Es ist furchtbar", klagt er, „es gibt Tausende von bettelnden Kindern in London." „Ich glaube da haben wir es in meiner Zeit besser", antworte ich und sehe dem Jungen nach. „Bei uns gibt es längst nicht so viele Bettler auf der Straße wie hier." „Das freut mich zu hören", meint Marx und zieht mich mit eiligem Schritt weiter.

Kinder arbeiten in einem englischen Bergwerk.

Ohne Schein kein Sein!!!

„Wohin gehen wir eigentlich?“, frage ich. „Na, zu mir nach Hause. Ich würde dich gerne meiner Frau und meinen Töchtern vorstellen. Schau, da vorne wohne ich!“ Wir sind in eine kleine Straße eingebogen, die ‚Dean Street‘ heißt. Aus einem der Hauseingänge werden gerade Federbetten, Spielzeug, eine Standuhr und allerlei Hausrat herausgetragen. Marx beginnt schon wieder zu fluchen. „Diese Blutsauger, diese Pfandleiher! Selbst den Kindern nehmen sie das Bettzeug weg!“ Er stürzt sich auf einen der Männer. „Sie hätten bereits vor einer Woche ihre Schulden zahlen müssen“, wehrt sich der Mann. Im Hauseingang stehen eine Frau mit einem Baby auf dem Arm und zwei Mädchen in meinem Alter. Hilflos müssen sie zusehen, wie all ihre Habseligkeiten abgeholt werden. In diesem Moment habe ich eine Idee. Ich halte dem Pfandleiher, der gerade alles zum Transport auf seinem Wagen verschnürt hat, ein paar Hunderter aus Victors Gelddose unter die Nase. Die sehen nicht nur nach viel Geld aus, der Pfandleiher entdeckt auch sofort das Marx-Bild auf den Scheinen. „Das kann doch nicht wahr sein!“ Er starrt Marx an, dann wieder das Geld, dann mich. „Da staunen Sie, was?“ Der Mann kratzt sich verwirrt am Kopf. „Ich mache Ihnen einen Vorschlag“, sage ich keck. „Ich gebe Ihnen zwei Hunderter und Sie tragen dafür alle Sachen wieder nach oben.“ Marx knufft mich in die Seite. „Meinen guten Anzug und das Silberzeug hat der Schuft schon vor einer Woche geholt.“ Ich gebe dem Mann noch einen Hunderter drauf und befehle ihm, auch die anderen Sachen zurückzubringen. Er zieht den Hut, verneigt sich tief vor mir und Marx, den er plötzlich ‚Herr Doktor‘ nennt. Dann befiehlt er seinen Leuten, alles wieder abzuladen. Marx brummelt irgendwas, das wie ein Dankeschön klingt. Seine Töchter fallen mir um den Hals und führen mich in die Wohnung.

Es riecht nach Tabakqualm. Überall liegen Bücher herum und Notizzettel – ziemlich unordentlich, würde meine Mutter sagen. Auf einer Stange sitzt ein Papagei, der mich argwöhnisch beäugt und ein kleiner zotteliger Hund mit schwarzen Ohren streicht mir um die Füße. Die beiden Töchter stellen sich als Jenny und Laura vor. Frau Marx dankt mir überschwänglich, weil ich ihr Familiensilber gerettet habe. Ihr scheint das ganze familiäre Unglück ziemlich peinlich zu sein. Die anderen tragen es mit erstaunlicher Fassung und betrachten mich neugierig. Das Baby schreit. Eine kleine lebhafte Frau kommt mit einer Kanne Tee in die Stube. Sie stellt sich als Helene Demuth, die Haushälterin, vor. „Wie, ihr habt überhaupt kein Geld und leistet euch eine Haushälterin?“, frage ich ungläubig. Helene lacht und Frau Marx schaut etwas pikiert. „Du müsstest dich eigentlich wundern, dass wir nicht noch mehr Hausangestellte haben, ich komme ja immerhin aus einer adeligen Familie. Haben deine Eltern denn kein Personal?“ „Nein“, antworte ich, „außer einer Putzfrau, die ab und zu kommt, brauchen wir niemanden. Mama und Papa teilen sich die Hausarbeit.“ Interessiert schaltet Marx sich in das Gespräch ein. „Du meinst, deine Eltern machen alles selbst und teilen sich die Arbeit? So etwas hätte ich ja nie für möglich gehalten. Das sieht ja nach großen gesellschaftlichen Umwälzungen aus, das klingt ja fast nach Revolution.“ „Revolution, ich hab dich schon!“, schnarrt der Papagei.

Hund Whiskey

Ein Besucher beschrieb
Familie Marx und ihre Wohnung so:

Er führt ein wahres Zigeunerleben. Waschen, Kämmen, Wäschewechseln gehört bei ihm zu den Seltenheiten; er berauscht sich gern. Oft faulenzt er tagelang, hat er aber viel Arbeit, dann arbeitet er Tag und Nacht mit unermüdlicher Ausdauer fort... Als Gatte und Familienvater ist Marx, trotz seines sonst unruhigen und wilden Charakters, der zarteste und zahmste Mensch. Marx wohnt in einem der schlechtesten, folglich auch billigsten Quartiere von London. Er bewohnt zwei Zimmer... In der ganzen Wohnung ist nicht ein reines und gutes Stück Möbel zu finden; alles ist zerbrochen, zerfetzt und zerlumpt; überall klebt fingerdicker Staub, überall die größte Unordnung... Mit dem Niedersitzen ist es eine wahrhaft gefährliche Sache. Da steht ein Stuhl nur auf drei Füßen... Setzen sie sich, so riskieren sie ein Paar Beinkleider. All dies aber bringt Marx und seine Gattin durchaus in keine Verlegenheit; man empfängt auf das freundlichste, man trägt Pfeife, Tabak und was eben da ist mit Herzlichkeit an; eine geistreiche, angenehme Konversation ersetzt endlich teilweise die häuslichen Mängel.

Die beiden Mädchen fallen ihrem Vater um den Hals und jubeln. „Mohr, du bist der Größte! Du hast vorausgesehen, dass sich alles verändern wird! Vielleicht bist du deswegen auch auf den Geldscheinen abgedruckt?“ Marx kratzt sich am Bart. „Findet ihr, dass ich gut aussehe auf diesem Bild? Ein bisschen grimmig, oder?“ „Ihr nennt euren Vater Mohr?“, frage ich erstaunt. „Ja, sieht er nicht aus wie ein Mohr mit seinen dunklen Augen und seiner dunklen Haut?“ „Da ist was dran, aber in meiner Zeit verwendet man das Wort ‚Mohr‘ gar nicht mehr.“ „Und wie sagt man dann zu dunkelhäutigen Menschen?“, will Laura wissen. ‚Mohr‘ oder ‚Neger‘ jedenfalls nicht“, antworte ich, „das wäre eine Beleidigung.“ Marx streicht sich immer noch durch den Bart. „Es scheint wirklich vieles anders zu sein in deiner Zeit, Maria. Hier in unserem 19. Jahrhundert kümmert sich doch keiner darum, ob sich ein Mohr oder ein Arbeiter beleidigt fühlen könnte. In Amerika gibt es sogar noch Sklaverei.“ „Fast wie hier“, lacht Helene Demuth, während sie uns heißen Tee eingießt. „Das letzte Mal, dass ich Geld von euch bekommen habe, ist auch schon wieder eine ganze Weile her, eigentlich bin ich ja eure Haussklavin.“ Da muss auch Marx lachen: „Dafür gehörst du eben zur Familie!“ „Schöne Familie!“, scherzt Helene Demuth, „ … kommen beide aus gutem Hause, machen eine Erbschaft nach der anderen und haben nie Geld.“ „Papa hat eben alles für die Revolution ausgegeben“, ruft Jenny. „Und jetzt wartet er jeden Tag darauf, dass sie endlich kommt!“, fällt ihr Laura ins Wort.

„Ohne Schein kein Sein!“, krächzt Calypso, der Papagei. Alle lachen. Marx und seine beiden Töchter führen einen Freudentanz auf, während der Pfandleiher alles, was vorhin abtransportiert werden sollte, wieder hereintragen lässt. „Maria, du hast uns immer noch nicht richtig erzählt, wo das Geld herkommt“, ruft Marx mir zu, während er Laura durch die Luft wirft. „Tut mir leid. Das weiß ich selbst nicht so genau“, antworte ich kleinlaut und ärgere mich über meine eigene Unwissenheit. „Mach dir nichts draus“, meint Jenny und zieht mich am Arm zur Wohnung raus. „Man kann nicht alles wissen, auch wenn Mohr immer glaubt, dass man eigentlich alles wissen müsste. Er sitzt jeden Tag in der Bibliothek im ‚British Museum‘ und liest und liest und liest, über die Lage der Arbeiter, fremde Sprachen oder Shakespeare. Ihn interessiert einfach alles. Aber er hat es eben nur aus Büchern. Ich glaube, er hat noch nie eine Fabrik von innen gesehen.“

Im riesigen Lesesaal der ‚British Library‘ arbeitete Karl Marx fast jeden Tag.

Kinderarbeit

Marx hat sich sehr für die Abschaffung der Kinderarbeit eingesetzt. Aber auch heute müssen weltweit immer noch rund 350 Millionen Kinder arbeiten. An der Elfenbeinküste zum Beispiel, wo der Großteil der weltweit produzierten Schokolade herkommt, schuften Hunderttausende von Kindern auf den Kakaoplantagen. Die meisten von ihnen gehen nicht zur Schule und nur wenige werden überhaupt für ihre Arbeit bezahlt. Allerdings gibt es immer mehr Firmen, die Kinderarbeit nicht zulassen. Es lohnt sich also, Schokolade zu kaufen, die unter fairen Bedingungen entstanden ist – auch wenn sie etwas mehr kostet.

„Wohin gehen wir eigentlich?", frage ich. „Zur Fabrik, ich will dich mit ein paar Kindern bekannt machen, die dort arbeiten. Dann wirst du vielleicht verstehen, was mein Vater an der Welt verändern will." „Ich dachte Kinderarbeit ist verboten!", rufe ich entsetzt. „In deiner Zeit vielleicht, Maria, aber bei uns ist das völlig normal. Viele Familien könnten gar nicht überleben, wenn die Kinder nicht arbeiten würden." „Und warum arbeitest du nicht?" Jenny sieht mich erstaunt an. „Na, weil ich kein Arbeiterkind bin. Meine Mutter ist ja sogar adelig! Sie hieß mal ‚von Westphalen'; und sie würde lieber wochenlang hungern, als zuzulassen, dass wir einen Finger krumm machen." Inzwischen sind wir vor einem großen Backsteingebäude angekommen. Drinnen herrscht ein Höllenlärm. Es ist dunkel und so stickig, dass ich kaum atmen kann. Wir schleichen uns an eine der lärmenden Maschinen heran, auf die Kinder immer wieder neue Garnrollen aufstecken müssen. Es sind riesige Webstühle, auf denen karierte Wollstoffe hergestellt werden, die meiner Mutter gefallen würden. Aber die Kinder hier müssen die schweren Stoffballen tragen. Keine Ahnung, wie sie das schaffen, denn die meisten von ihnen sehen blass und schmächtig aus. „Wir müssen uns in Acht nehmen, vor den Aufsehern. Sie dürfen uns nicht bemerken, sonst gibt es Ärger …", flüstert mir Jenny ins Ohr. Ein Junge kommt auf uns zu. Er ächzt unter einem großen Stoffballen und erinnert mich an Victor. „Hallo Jenny!" Er nickt uns verschwörerisch zu. „Hast du was zu Essen mitgebracht?" „Tut mir leid, John, wir sind gerade selbst völlig abgebrannt," antwortet Jenny und sieht den Jungen ganz unglücklich an.

Da fällt mir ein, dass meine Mama mir heute Morgen eine Tafel Schokolade eingesteckt hat, die ich mit Victor teilen sollte. Sie ist schon etwas zerdrückt, aber John ist das egal. Er hat solchen Hunger, dass er gleich die halbe Tafel in den Mund stopft. Offensichtlich hat er noch nie Schokolade gegessen, denn auf seinem Gesicht breitet sich das glücklichste Lächeln aus, das ich je gesehen habe … „Mmmhhh, lecker, Vollmilch mit Haselnüssen!" Victor sieht mich mit breitem Grinsen und verschmiertem Mund an. „Was ist los, Maria, träumst du mal wieder von anderen Zeiten?", fragt er und zupft mich am Ärmel. Kein Zweifel, ich bin nicht mehr in London, sondern wieder in Berlin und neben mir sitzt Victor, der sich gerade den letzten Krümel Schokolade in den Mund schiebt. „Hast du es gut, Victor", seufze ich. „Sei froh, dass die Kinderarbeit abgeschafft worden ist." Victor versteht nicht so ganz, was ich meine und hält mir stattdessen stolz die Gelddose hin. „Wir haben schon richtig viel verdient."

Schokolade

war zu Marx' Zeiten noch ein Luxus, den sich ein armes Arbeiterkind wie John nicht leisten konnte. Der erste Schokoriegel wurde sowieso erst 1847 in England erfunden, war teuer und schmeckte sehr bitter. Vorher gab es nur Trinkschokolade. 1776 kostete eine Packung Kakaopulver so viel, wie ein Arbeiter in einer Woche verdiente. 1881 lag der jährliche Pro-Kopf-Verbrauch an Schokolade bei nur 60 Gramm. Das ist ein bisschen mehr als eine halbe Tafel. Und wie viel Schokolade esst ihr? Heute kann man sich eine Tafel Schokolade ja sogar mit ein wenig Taschengeld kaufen. Aber habt ihr auch schon mal überlegt, warum sie so billig ist?

„Weißt du was, Victor, mich interessiert gerade was anderes noch viel mehr. Was war denn das für ein Land, aus dem dieses Geld kommt?“ Ich halte ihm die Karl-Marx-Scheine unter die Nase. „Na die DDR, die Deutsche Demokratische Republik. Meine Eltern haben sie noch erlebt“, antwortet Victor. „Was ist die DDR?“, frage ich ungeduldig. „Ich muss alles darüber wissen …“ „Der Platz, auf dem ihr hier sitzt, gehörte mal zur DDR“, mischt sich die Frau ein, die sich nun doch überlegt, ob sie meine indische Kette kaufen soll. „Weißt du denn nicht, dass bis 1989 eine Mauer durch Berlin ging, die die Stadt in Ost und West teilte?“ „Tut mir leid, da war ich noch gar nicht geboren“, antworte ich. „Ostberlin war die Hauptstadt der DDR und Westberlin gehörte zu Westdeutschland“, erklärt die Frau weiter. „Wozu war die Mauer denn da?“, frage ich. „Das war so: Nach dem Krieg entstanden zwei deutsche Staaten. Die Bundesrepublik Deutschland im Westen und die DDR im Osten. In der DDR hat man versucht, nach den Lehren von Karl Marx zu leben. Das hat vielen aber überhaupt nicht gefallen. Einige haben sogar versucht, zu fliehen. Deswegen hat man die Mauer gebaut …“ „Die Leute wurden eingesperrt, damit sie nicht fliehen konnten?“, frage ich ungläubig. „Ja“, antwortet die Frau, „so könnte man das sagen.“

DDR

‚Die Deutsche Demokratische Republik ist ein sozialistischer Staat der Arbeiter und Bauern.' So hieß es im ersten Artikel der Verfassung der DDR, die von vielen auch Ostdeutschland genannt wurde. Nach dem Zweiten Weltkrieg wurde sie neben der Bundesrepublik Deutschland als zweiter deutscher Staat gegründet. Ländereien und Fabriken wurden enteignet und wurden Volkseigentum. Manche glaubten, dass damit ihr Traum von einem gerechteren Deutschland in Erfüllung gegangen sei. Aber der Staat mischte sich viel zu stark ins Leben seiner Bürger ein. Über zwei Millionen Menschen flohen nach Westdeutschland, bis die DDR-Führung 1961 eine Mauer bauen ließ. Selbst dann gab es weitere Fluchtversuche. Die Regierung antwortete darauf mit immer mehr Einschränkungen. DDR-Bürger durften nicht reisen, wohin sie wollten, auch West-Fernsehen war verboten, genauso wie bestimmte Bücher und Zeitungen. Wer etwas dagegen sagte, bekam Probleme, wurde bespitzelt oder musste sogar ins Gefängnis. Allerdings hatte auch jeder einen Arbeitsplatz und die Wohnungen waren billig. 1989 fiel die Mauer, weil das Land Pleite war und zu viele Menschen nicht länger bevormundet werden wollten. Die DDR und die Bundesrepublik Deutschland wurden 1990 wiedervereinigt.

„Was erzählen Sie den Kindern denn da?“, empört sich der Mann mit der Zigarre, der sich Victors Briefmarkensammlung ansieht und unserem Gespräch interessiert zugehört hat. „Sie tun ja gerade so, als sei die DDR die Hölle gewesen. Ich habe aber ganz gerne dort gelebt. Das größte Problem an der DDR war doch, dass wir die Ideen von Karl Marx noch gar nicht richtig umgesetzt hatten. Wir hatten ja nur 40 Jahre Zeit, dann hat uns der kapitalistische Westen platt gemacht.“ „Kommunist!“, schimpft die Frau. „Kapitalistin!“, brüllt der Mann zurück. So geht das ein paar Minuten hin und her und der kleine Hund schaut ganz verwirrt von einem zum anderen. Kommunist und Kapitalist, das klingt nach üblen Schimpfwörtern. Ich werfe mich zwischen die beiden streitenden Erwachsenen, doch die wollen gar nicht aufhören, sich anzubrüllen. „Das haben wir alles dem Marx zu verdanken!“, schreit die Frau.

PROLETARIER
ALLER LÄNDER
VEREINIGT EUCH!
KAPITALISTIN!!!

Ein Beispiel

John verdient (umgerechnet) 1 Euro am Tag. Davon kann er sich ein bisschen Brot und etwas Milch kaufen. Wenn er Glück hat, bleibt ein kleiner Rest, von dem er sich einmal im Jahr eine neue Hose kaufen kann. John stellt aber am Tag 5 Ballen Stoff her. Dafür bekommt der Fabrikbesitzer (der Kapitalist) nach Abzug aller anderen Kosten (Material usw.) zum Beispiel 10 Euro. Er verdient also alleine an John 9 Euro, neunmal so viel wie John, der die Arbeit macht. Mit diesem Gewinn kann der Fabrikbesitzer neue Maschinen kaufen und noch mehr Johns einstellen. Dann verdient er noch mehr.

Der Fabrikbesitzer kann allerdings auch Pleite gehen. Er hat ein hohes Risiko, weil er ja nie so genau weiß, wie lange die Leute seine Stoffe kaufen wollen. Aber das darf natürlich keine Entschuldigung für schlechte Arbeitsbedingungen sein. Er sollte die Arbeiter immer ordentlich bezahlen, so dass sie nicht nur überleben, sondern gut leben können.

Glücklicherweise kommen gerade meine Eltern vorbei, um Victor und mich abzuholen. „Was ist denn mit denen los?", fragt mein Vater neugierig. „Keine Ahnung", antworte ich und beginne einzupacken. Ich versuche, der Frau ein letztes Mal meine Kette anzubieten, doch sie hört mir gar nicht zu. „Du willst die schöne Kette verkaufen?", fragt meine Mutter entsetzt. „Ja, Mama, ich trage doch gar keine Ketten. Aber, sag mal, verdienen die Menschen in Indien wirklich so wenig?" „Das ist leider wahr", sagt meine Mutter. „Außerdem müssen dort viele Kinder arbeiten, und die bekommen noch weniger als die Erwachsenen." „Das ist ja wie zu Karl Marx' Zeiten", rufe ich empört. Meine Eltern sehen mich erstaunt an. „Sag bloß, du bist ihm begegnet?", fragen sie im Chor. Ich zwinkere ihnen zu und sie wissen Bescheid. „Seine Schriften haben eine Menge bewegt", meint mein Vater. „Auch in Indien?", frage ich. „Auch dort. Aber du hast Recht, in vielen Ländern werden die Arbeiter immer noch viel zu schlecht bezahlt", sagt meine Mutter. „Dafür leben dann die Fabrikbesitzer ziemlich gut: Sie können sich eine Villa kaufen, ein großes Auto, eine Yacht ..." „ ... und jeden Tag riesige Eisbecher!", rufe ich.

„Aber hast du schon mal darüber nachgedacht, dass ja nicht nur die Fabrikbesitzer von den niedrigen Preisen in Asien profitieren, sondern auch wir?", fragt meine Mutter. „Erst neulich hast du dir ein T-Shirt von deinem Taschengeld gekauft, das unglaublich günstig war ..." „ ... weil es von jemandem genäht wurde, der fast nichts für seine Arbeit bekommen hat?", frage ich. Meine Mutter nickt. „So viel hat sich wohl doch nicht geändert. Die Ungerechtigkeit findet nur woanders auf der Welt statt", stelle ich enttäuscht fest. „Ich frage mich nur, wie Marx das Problem lösen wollte." „Wie würdest du es denn lösen, Maria?", möchte mein Vater wissen. Ich habe sofort eine Idee. „Ich als Fabrikbesitzer würde die Arbeiter ab und zu auf meine Yacht einladen und ihnen so viel Geld zahlen, dass sie gut davon leben können." „Vielleicht könntest du dir die Yacht gar nicht mehr leisten, wenn du die Arbeiter so gut bezahlen würdest", schmunzelt mein Vater.

„Marx ist aber noch weiter gegangen. Er wollte, dass den Fabrikbesitzern alle Fabriken, alle Maschinen und Rohstoffe weggenommen werden. Alles, mit dem etwas hergestellt wird, sollte den Arbeitern gehören.“ „Ist ihm das gelungen?“, frage ich neugierig. „Das kann man sagen. Zuerst gab es in Russland eine Revolution, dann viele weitere in der ganzen Welt, die dazu führten, dass in vielen Ländern die Fabrikbesitzer enteignet wurden. Hier, wo wir gerade stehen, das war mal Ostberlin, die Hauptstadt der DDR.“ „Und die DDR war kommunistisch?“, frage ich. „Na ja, sie haben es versucht. Jedenfalls waren alle Fabriken Eigentum des Volkes.“ „Siehst du? Allen gehörte alles“, ruft Victor dazwischen. „Deine Rollerblades würden dann auch mir gehören!“ „Nein, ganz so weit ging es dann doch nicht“, wirft mein Vater dazwischen. „Deine Hundertmarkscheine, Victor, wären dann aber auch meine. Das klingt doch ganz gut. Warum gibt es die DDR nicht mehr?“, frage ich. „Obwohl das alles ganz gut klingt, hat es nicht funktioniert“, antwortet meine Mutter. „Wenn etwas allen gehört, gibt es erst recht Probleme, denn leider interessieren sich die meisten Leute nicht für das Gemeinsame, sondern nur für das Eigene. Außerdem hat jeder eine andere Meinung und einen anderen Geschmack. In einem kommunistischen Staat kann aber auf Sonderwünsche keine große Rücksicht genommen werden. Nicht der Einzelne zählt, sondern die Gemeinschaft. Deswegen hat es vielen Leuten in der DDR nicht gefallen.“ „Stimmt“, meint Victor, „meine Eltern waren auch froh, als die Mauer endlich abgerissen wurde. Jetzt, wo sie weg ist, finden sie allerdings, dass der Kapitalismus auch viele Macken hat.“ „Kleiner, du gefällst mir“, sagt der Mann, der sich nun endlich entschieden hat, Victors DDR-Briefmarkensammlung zu kaufen. Er zündet sich vor lauter Freude eine neue Zigarre an und bläst eine dicke Rauchwolke in die Luft …

Marxismus weltweit

Marx und Engels haben nicht mehr erlebt, wie ihre Ideen die ganze Welt veränderten. Sicher nicht immer so, wie sie sich das selbst gewünscht hätten. 1917 brach die Russische Revolution aus. Der Zar wurde gestürzt, die Paläste der Adeligen und reichen Bürger geplündert und unter der Führung von Wladimir Iljitsch Lenin entstand die Sowjetunion, ein riesiger ‚Arbeiter- und Bauernstaat'. Seinem Nachfolger Joseph Stalin gelang es, nach dem Zweiten Weltkrieg seine Macht auch auf Europa auszudehnen. Der so genannte ‚Ostblock' entstand: Länder, die sich auf die Lehren von Karl Marx beriefen und sich hinter Mauern und Stacheldraht, dem so genannten ‚Eisernen Vorhang', von der ‚kapitalistischen', ‚freien' Welt abschotteten. Auch in Asien, Afrika und Lateinamerika entstanden Staaten, die sich am Marxismus orientierten. Rund vierzig Jahre lang war die Welt geteilt in zwei Lager, angeführt von den beiden Supermächten, der Sowjetunion und den USA, die sich gegenseitig mit immer größeren Waffenarsenalen bedrohten. All das hätte fast zu einem Atomkrieg geführt. Als die Berliner Mauer fiel und der ‚Ostblock' sich auflöste, war die Zeit der ständigen Bedrohung, der so genannte ‚Kalte Krieg', endgültig vorbei.

„Lass meinen Pantoffel los, Whiskey ..." Ich höre die Stimme eines Mannes und Hundegebell. Aber eingehüllt in eine dichte Tabakwolke kann ich zuerst gar nichts sehen. Als sich der Nebel lichtet, bin ich wieder in London, bei Karl Marx, der am Schreibtisch sitzt und versucht, sich zu konzentrieren. Um ihn herum breiten sich Bücherberge aus, Stapel mit handschriftlichen Notizen und Papierschiffchen dazwischen. Ein entsetzliches Chaos und eine Luft zum Schneiden! Marx murmelt vor sich hin: „Ich bin verdammt, Bücher zu verschlingen … das Sein bestimmt das Bewusstsein …" „Ohne Schein kein Sein", krächzt der Papagei. Währenddessen versucht Whiskey, der Hund, ihm die Filzpantoffeln auszuziehen. Marx bemerkt mich gar nicht, so vertieft ist er in seine Arbeit. Dann klopft es an der Tür und herein kommt Friedrich Engels. „Na, Mohr, brütest du schon wieder über deinem Lebenswerk? Wäre ja schön, wenn wenigstens der erste Band bald mal fertig werden würde", ruft er und zwinkert mir zu. „Ach, mach dir keine Sorgen, ich bin fast durch", stöhnt Marx leicht überarbeitet. „Schade nur, dass dieses Mädchen aus der Zukunft wieder verschwunden ist. Ich hätte so gerne gewusst, ob wir wirklich die Welt verändern werden." „Frag sie doch", meint Engels und zieht mich hinter den Bücherstapeln hervor. „Wisst ihr, dass sich die Leute wegen euch immer noch die Köpfe einschlagen?", frage ich lachend. Marx und Engels sehen mich erstaunt an. „Das war eigentlich nie unser Ziel. Wir wollen die Welt doch verändern, besser machen. Ist uns das denn gar nicht gelungen?", fragt Engels etwas kleinlaut. Was soll ich ihnen antworten? Was würdet Ihr antworten?

Das Kapital

Marx ist fast verzweifelt an seinem großen dreibändigen Hauptwerk, das er ‚Das Kapital' nannte und das die Krönung seines wissenschaftlichen Lebens werden sollte. Nach jahrzehntelanger Arbeit hat er aber nur einen Band veröffentlicht. Nach seinem Tod kümmerte sich sein Freund Engels um die Herausgabe der beiden anderen Bände. Im ‚Kapital' erklärt Marx, wie die Fabrikbesitzer die Arbeiter ausbeuten, weil sie ihnen viel weniger zahlen, als ihre Arbeit wert ist.

Ich erzähle alles, was ich gehört habe. Dass der Marxismus zu vielen Revolutionen führte und dass er nicht nur Deutschland, sondern die ganze Welt gespalten hat in Kapitalisten und Kommunisten. Marx und Engels bekommen immer längere Gesichter … „Eine Mauer haben sie gebaut? Das ist ja fürchterlich! Soll das die Diktatur des Proletariats sein?“ Marx runzelt die Stirn. „Ich mach mal einen Rotwein auf“, meint Engels und lässt sich von Helene Demuth Gläser bringen. Sie trinken, paffen dicke Rauchschwaden in die Luft und hören mir zu… „Mein Vater findet“, beende ich meinen Vortrag, „dass eure Theorie eigentlich sehr gut ist. Meine Mutter denkt aber, dass es schwer ist, sie umzusetzen und dass das bisher eigentlich noch keinem Land auf der Welt wirklich gelungen ist.“„Hast du das gehört, Friedrich?“, fragt Marx. „Wir haben die ganze Welt in Aufruhr versetzt und eigentlich nichts erreicht.“ „So sehe ich das nicht“, protestiert Engels und nippt an seinem Wein. „Ich habe den Eindruck, dass Maria aus einem Land kommt, in dem vieles, von dem wir geträumt haben, Wirklichkeit geworden ist: kaum noch hungernde Menschen, man arbeitet nur noch acht Stunden am Tag, das Wochenende ist frei, alle Kinder gehen zur Schule, Frauen studieren und sie dürfen sogar wählen …“ „Findest du das gut?“, fragt Marx. Engels zuckt die Schultern. „Es lässt sich wohl nicht verhindern …“ „Aber ist es nicht ganz normal, dass Frauen die gleichen Rechte haben wie Männer?“, frage ich entsetzt. Marx und Engels sehen mich zweifelnd an. „Maria hat vollkommen Recht! Wir wollen auch mal studieren …“, rufen Jenny und Laura, die gerade zur Tür reinkommen. In diesem Moment nimmt mir eine Rauchwolke aus Engels‘ Zigarre fast den Atem. „Wisst ihr, worüber ich wirklich froh bin?“, frage ich hustend. „Worüber?“ Marx und Engels sehen mich neugierig an. „Dass bei uns das Rauchen langsam aus der Mode kommt.“

Marx weltweit

Marx war die internationale Ausbreitung seiner Ideen sehr wichtig. Und eigentlich ist ihm das auch gelungen. Die Welt, wie sie heute funktioniert, ist ohne die Gedanken von Marx und Engels kaum vorstellbar, denn viele Dinge, die sie forderten, sind heute so selbstverständlich, dass man kein Kommunist sein muss, um sie gut oder wenigstens wahr zu finden. Auch die Sozialdemokratie, die in Deutschland durch die SPD vertreten wird, geht teilweise auf Marx zurück, genauso wie viele Befreiungsbewegungen in aller Welt. Selbst der Papst setzt sich heute mit den Ideen von Karl Marx auseinander und Wirtschaftswissenschaftler sowieso.

„Ich nehme die indische Kette“, höre ich plötzlich eine Frauenstimme hinter mir. „Ich gebe dir vier Euro dafür. Die Leute in Indien haben ja nichts davon, wenn du allzu viel daran verdienst.“ „Tut mir leid, die ist unverkäuflich“, entgegne ich und hänge mir die Kette um den Hals. Ich denke an die Leute, die die Kette mit viel Mühe und für wenig Lohn hergestellt haben, und an Marx und Engels, die für die Befreiung der ausgebeuteten Arbeiter gekämpft haben …

„Achtzig Euro, sagenhaft …“, schreit mir Victor ins Ohr und rüttelt seine Blechdose. „Jetzt kann ich mir endlich eigene Rollerblades kaufen!“ „Gut, die probieren wir dann nächsten Samstag aus“, antworte ich grinsend. „Mal sehen, wer schneller ist. Und jetzt gehen wir erst mal Eis essen.“ „Und dabei überlegen wir, wie wir die Welt verändern können“, lacht mein Vater.

Übrigens...

... neulich, als wir in den Urlaub nach Frankreich fuhren, haben wir in Trier eine Pause gemacht und das Geburtshaus von Karl Marx besucht. Wir haben es kaum gefunden, weil eine riesige Gruppe von Chinesen davor stand, die alle Karl Marx bewundern. Das hat mich schon beeindruckt. Das Haus hat mir gut gefallen. Es wurde schon 1727 gebaut und 1818 von Karl Marx' Vater Heinrich angemietet, weil er als Rechtsanwalt ein Büro und für seine Familie ein Wohnhaus brauchte. Besonders hübsch ist der Innenhof. Allerdings wohnte die Familie gerade mal ein Jahr dort und man weiß auch gar nicht so genau, wie das Haus mal ausgesehen hat, denn es wurde mehrmals umgebaut und lange interessierte sich auch keiner dafür, bis eines Tages ein von Marx begeisterter Arbeiter das Haus wiederentdeckte. Ich habe mir die Ausstellung angesehen und noch mal viel Interessantes über das Leben von Karl Marx erfahren. Außerdem gibt es dort ein lustiges Foto von Whiskey und einen Teller, den Jenny bemalt hat. Am interessantesten aber fand ich ein paar Sätze von Marx selbst:

Das Geburtshaus in Trier steht in der Brückenstraße 10 und ist heute ein Museum.

„Die Philosophen haben die Welt nur verschieden interpretiert, es kommt aber darauf an, sie zu verändern."

(Find´ ich gut!)

sehr streng...

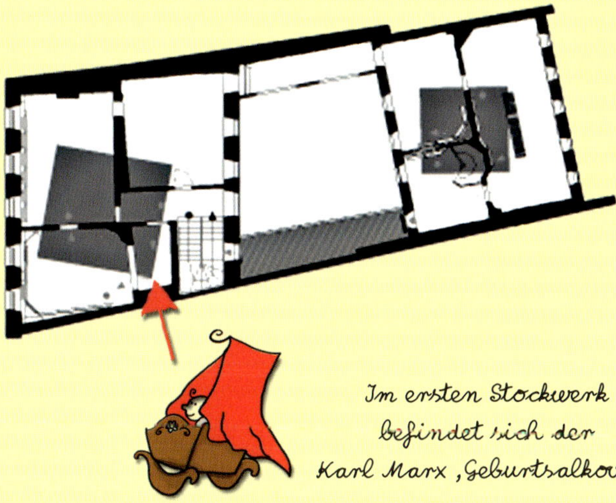

Im ersten Stockwerk
befindet sich der
Karl Marx ‚Geburtsalkoven'

40.000 Besucher aus
aller Welt kommen jedes Jahr.

Das Sein bestimmt das Bewusstsein.

(versteh´ ich nicht)

Blick in den
Innenhof

Im Garten kann man gut überlegen,
wie man die Welt verbessern kann.

De omnibus dubitandum est.

Das ist lateinisch und heißt:

An Allem ist zu zweifeln.

(Stimmt: auch Mama und Papa
haben nicht immer Recht)

Karl Marx

(* 5. Mai 1818 Trier † 14. März 1883 London)

Karl Marx stammt aus einer gläubigen jüdischen Familie, sein Großvater war noch Rabbiner. Der Vater ist Rechtsanwalt und tritt zum Protestantismus über, weil er sich damit bessere Karrierechancen ausrechnet. Erst mit sechs Jahren werden Karl, seine fünf Schwestern und der Bruder getauft. Damit wechseln auch sie vom jüdischen zum christlichen Glauben. Schon als Kind lernt Karl seinen Freund Edgar Freiherr von Westphalen kennen. Gemeinsam werden sie von Edgars Vater und von Privatlehrern unterrichtet. Mit zwölf Jahren geht Marx das erste Mal zur Schule, auf das Friedrich-Wilhelm-Gymnasium in Trier. Er verliebt sich in Edgars Schwester Jenny, die er ebenfalls seit seiner Kindheit kennt. Als Siebzehnjähriger verlobt er sich heimlich mit der vier Jahre älteren Adeligen. Er schreibt ihr viele Gedichte und Lieder. Sieben Jahre später wird sie seine Frau. Damit steht ihr ein abenteuerliches und nicht immer leichtes Leben bevor. Jennys Vater, Ludwig von Westphalen, macht seinen Schwiegersohn mit den Ideen des Sozialismus bekannt. Auf langen Spaziergängen diskutieren sie auch über Homer und Shakespeare.

1835 beginnt Marx mit dem Studium in Bonn und später in Berlin und Jena: Rechtswissenschaft, Geschichte und Philosophie. Er beschäftigt sich mit den Schriften Hegels, dem damals wichtigsten Philosophen Deutschlands. Bald schließt er sich den Junghegelianern an, die die Kirche und den Staat ablehnen.

1838 stirbt sein Vater. Marx hat zu dieser Zeit noch keine rechte Ahnung, was er einmal werden soll. Erst 1842 bietet sich eine gute Chance. Er wird Chefredakteur bei der fortschrittlichen ‚Rheinischen Zeitung' in Köln und hat Aussichten auf ein gutes Gehalt von 600 Talern im Jahr, von dem er eine Familie ernähren könnte.

1843 heiraten Karl und Jenny und ziehen bald darauf nach Paris. Dort trafen sich damals viele revolutionär gesinnte Deutsche. Hier kommt ein Jahr später die älteste Tochter Jenny auf die Welt. Marx lernt Friedrich Engels kennen und den Dichter Heinrich Heine, mit dem er sogar weitläufig verwandt ist. Er arbeitet weiterhin als Journalist und wird immer radikaler. In der Zeitschrift ‚Vorwärts' greift er den Preußischen König in Berlin an. Der rächt sich und lässt Marx aus Paris rauswerfen. Marx geht nach Brüssel, wo die zweite Tochter Laura 1845 geboren wird. Hier schreibt er gemeinsam mit Engels im Auftrag des ‚Bundes der Kommunisten' eine Broschüre, die beide berühmt machen wird: das ‚Kommunistische Manifest'. „Arbeiter aller Länder, vereinigt Euch", heißt es dort und wirklich scheint

sich etwas zu bewegen. Im Februar 1848 bricht in Paris eine Revolution aus, bald darauf auch an vielen Orten in Deutschland. Marx wird als Unruhestifter festgenommen und aus Belgien ausgewiesen. Er geht ins revolutionäre Köln und gründet dort die ‚Neue Rheinische Zeitung', die aber schon nach einem Jahr verboten wird. Nun muss er das Land verlassen. Er ist staatenlos und zieht nach London.

Seit der Zeit in Brüssel gehört auch die Haushälterin Helena Demuth mit zur Marxschen Familie. Sie geht mit nach London. Ohne Geld trifft Marx 1849 in der größten Stadt der Welt ein, die zu seiner eigentlichen Heimat werden wird. Oft kann er die Miete nicht zahlen und wird von den Vermietern vor die Tür gesetzt. Endlich findet er eine ärmliche Zwei-Zimmer-Wohnung in der Dean Street 28 in Soho. Ständig muss die Familie ihr Hab und Gut versetzen, denn weder Karl noch Jenny können mit Geld umgehen. Marx interessiert sich in seinen Schriften zwar sehr für Geld und die Ungerechtigkeiten, die es hervorbringt, aber im täglichen Leben ist es ihm völlig egal. Glücklicherweise hat er gute Freunde, die ihn immer wieder unterstützen. Sie sammeln für ihn oder schicken wie Engels teuren Wein und Zigarren. Ab und zu machen Karl und Jenny auch kleinere Erbschaften, die aber sofort ausgegeben werden. Marx arbeitet für verschiedene Zeitungen in aller Welt und wird zu einer Hauptfigur der Arbeiterbewegung. Fast jeden Tag sitzt er in der größten Bibliothek Londons, der ‚British Library' arbeitet und liest, manchmal Tausende von Seiten in der Woche. Trotzdem kommt sein Hauptwerk ‚Das Kapital' nur sehr schleppend voran, denn Marx interessiert sich einfach für alles. Zwischendurch lernt er noch die verschiedensten Sprachen. Es fällt ihm schwer, sich auf seine eigentliche Arbeit zu konzentrieren. Jenny arbeitet als eine Art Sekretärin für ihren Mann. Später werden auch die drei Töchter ihren Vater unterstützen. Von den eigentlich sieben Kindern, die Frau Marx zur Welt bringt, sterben vier, auch wegen der ärmlichen und unhygienischen Verhältnisse. 1855 kommt Tochter Eleanor zur Welt. Ein Jahr später kann die Familie wegen einer Erbschaft endlich in ein schönes Haus in Grafton Terrace umziehen, 1864 in eine luxuriöse Villa in der Maitland Park Road – so groß, dass die Töchter dort zu Bällen einladen können. Eleanor legt sogar ein Gewächshaus im Garten an und züchtet Pflanzen aus Samen, die ihr Freunde der Familie aus aller Welt mitbringen.

In seinem großen Arbeitszimmer könnte Marx nun eigentlich ungestört arbeiten, aber 1867 erscheint nur der erste Band seines Hauptwerks ‚Das Kapital'. Außerdem widmet sich Marx der weltweiten Ausbreitung seiner Ideen. 1864 wird die ‚Internationale' gegründet, eine Organisation, die wahr machen soll, was Marx und Engels im ‚Kommunistischen Manifest' forderten: „Arbeiter aller Länder, vereinigt euch!" Jenny und Laura heiraten beide junge Revolutionäre und Marx wird Großvater. Nur Eleanor bleibt kinderlos und unverheiratet. 1881 stirbt seine Frau Jenny. Marx wird krank. Er versucht sich auf mehreren Reisen zu erholen, was ihm jedoch nicht gelingt. So fährt er 1882 sogar nach Algier. Dort lässt er sich den Bart abschneiden, aber davon existiert kein Foto. Als im Januar 1883 auch noch Tochter Jenny stirbt, bricht Marx zusammen. Zwei Monate später stirbt er in London. Helena Demuth hat ihn bis zuletzt gepflegt, Engels hält die Grabrede. In vielen Zeitungen in aller Welt erscheinen Nachrufe. Nach seinem Tod wird Karl Marx zu einer Galionsfigur der Arbeiterbewegung. Bis heute berufen sich nicht nur Revolutionäre, sondern auch Wirtschaftswissenschaftler auf ihn und seine Theorien. Sein Grab auf dem Highgate Friedhof in London ist nicht zu übersehen.

Familie Marx

Karl Marx liebte Kinder. Von den sieben, die seine Frau zur Welt brachte, überlebten aber nur drei: Jenny, Laura und Eleanor. Marx baute ganze Papierschiffflotten mit ihnen, die später versenkt oder angezündet wurden. „Die Kinder müssen die Eltern erziehen", soll er oft gesagt haben. Wegen seiner schwarzen Haare wurde er ‚Mohr' genannt, manchmal auch ‚Old Boy' oder ‚Old Nick'. Fast alle Familienmitglieder hatten Spitznamen. Tochter Jenny zum Beispiel nannte man Qui-Qui, Kaiser von China, und Eleanor Quo-Quo, Kronprinz von China. Friedrich Engels, der engste Freund der Familie, wurde ‚General' genannt.

Jenny

Laura

Eleanor

Die ganze Familie liebte, es Gedichte oder Theaterstücke zu zitieren, außerdem war das Ausfüllen von Fragebögen zu persönlichen Vorlieben ein Lieblingsspiel. Sonntagvormittags machte man Ausflüge ins Umland von London. Oft waren Freunde dabei, fröhliche Gesellschaften, die gemeinsam turnten, tanzten, Blumen pflückten, sangen. Haushälterin ‚Lenchen' Demuth gehörte zwar auch zur Familie, wurde aber mit schweren Arbeiten nicht verschont: Sie musste den Picknick-Korb schleppen.